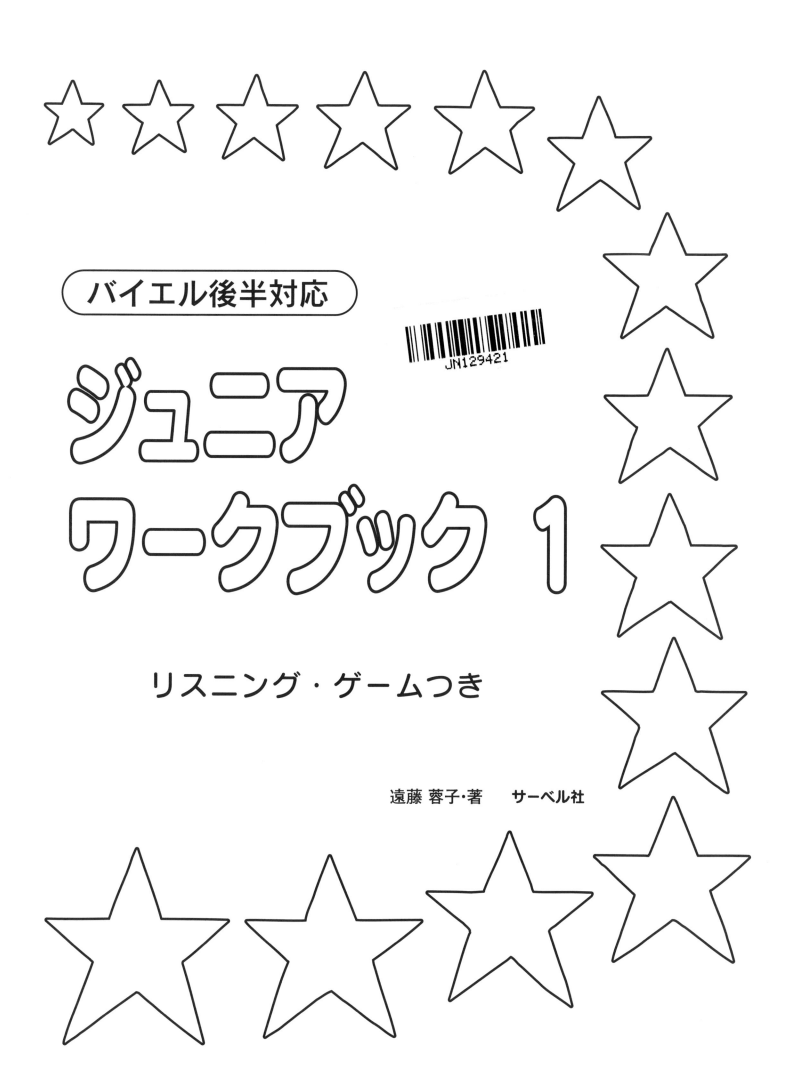

はじめに

　本書は、サーベル社から既刊の「バンバン・ワークブック」の続編で、「バンバン・バイエル」の続編「ジュニア・バイエル」に対応したワークブックです。内容としては、バイエル44番以降から始まりますので、43番までのト音記号の幅広い音域はすでに習得されたものとしてスタートしています。

　これまでにも、バイエルに対応した様々なワークブックを作ってきましたが、このシリーズは究極の目標を「一日も早くバイエルを終了すること」に設定しており、バイエルを突破することだけを考えてコツコツと進んでいきます。特にバイエル後半において難しいと感じる原因は、ヘ音記号の譜読みとポジションの移動に対する苦手意識である場合が多く見受けられますので、徹底的に音符を覚え込むことによって、各曲の進み具合を側面からサポートしていきます。

　また、「リスニング・ゲーム」は、ピアノの上達に欠かすことのできない聴音の基礎を楽しいゲームの形で取り入れています。聴音が初めての場合でも抵抗なく入れるように配慮していますから、先生とのコミュニケーションの中で楽しく挑戦してください。

　本書が、バイエルを学ぶ多くの子供たちのためにお役に立てば幸いです。

2016年10月

遠 藤 蓉 子

も く じ

- ト音記号の音の復習 ……………………………………………………………… 4
- リスニング・ゲーム 1 …………………………………………………………… 8
- 八分音符と八分休符 ……………………………………………………………… 9
- リスニング・ゲーム 2 …………………………………………………………… 13
- オクターブ記号 …………………………………………………………………… 14
- リスニング・ゲーム 3 …………………………………………………………… 18
- 付点四分音符 ……………………………………………………………………… 19
- リスニング・ゲーム 4 …………………………………………………………… 23
- 八分の六拍子と八分の三拍子 …………………………………………………… 24
- リスニング・ゲーム 5 …………………………………………………………… 29
- ヘ音記号の音の練習 ……………………………………………………………… 30
- リスニング・ゲーム 6 …………………………………………………………… 33
- ヘ音記号の音の復習 ……………………………………………………………… 34
- リスニング・ゲーム 7 …………………………………………………………… 38
- 強弱記号 …………………………………………………………………………… 39
- リスニング・ゲーム 8 …………………………………………………………… 43
- 復習 ………………………………………………………………………………… 44
- リスニング・ゲーム 9 …………………………………………………………… 48
- 復習 ………………………………………………………………………………… 49
- リスニング・ゲーム 10 …………………………………………………………… 53
- リスニング・ゲームの問題と解答 ……………………………………………… 55

ト音記号の音の復習

1. ( )の中に音の名前を書きましょう。

2. 音符の名前と長さを線で結びましょう。

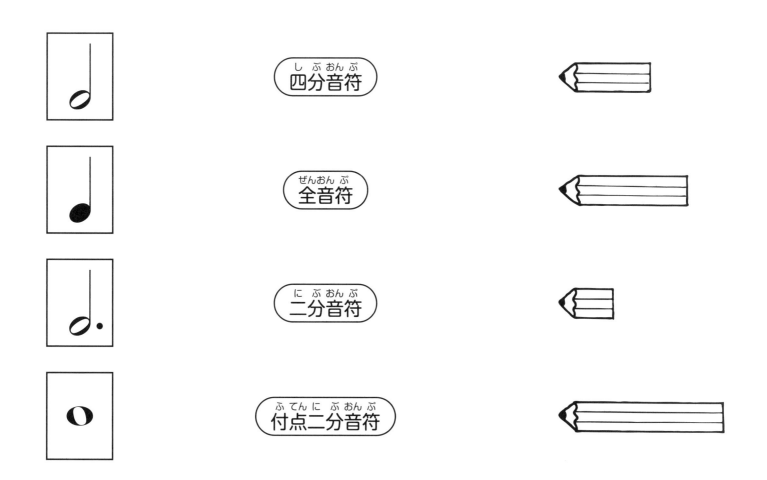

3. 休符の名前と長さを線で結びましょう。

4. カードの中に音の名前を書き、ピアノで弾きましょう。(右手)

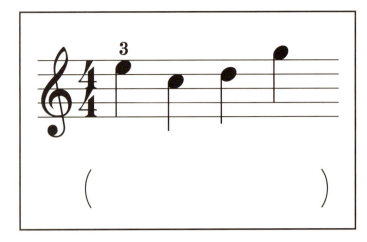
( )

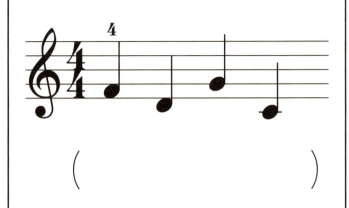
( )

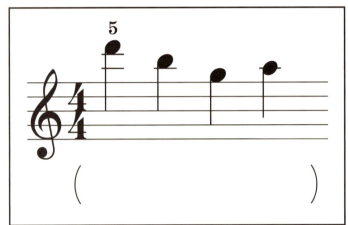
( )

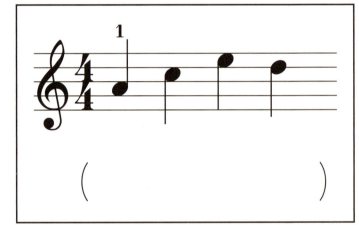
( )

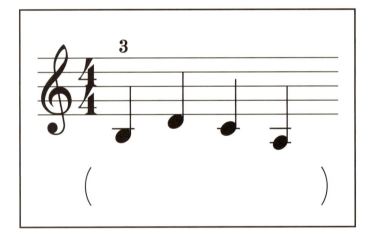
( )

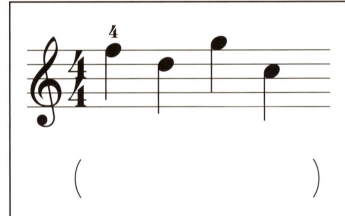
( )

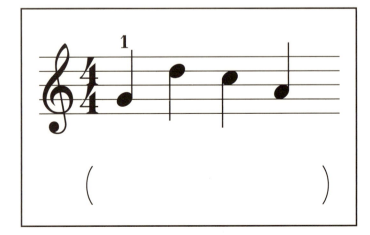
( )

( )

5. ( )の中に名前を書きましょう。

𝄽 ( ) 𝄼 ( )

𝅗𝅥 ( ) 𝅗𝅥. ( )

𝄼 ( ) 𝅝 ( )

♩ ( ) 𝄞 ( )

6. ( )の中に音符で答えを書きましょう。

𝅗𝅥 + ♩ = ( )　　　　𝄽 + 𝄽 = ( )

♩ + ♩ + 𝅗𝅥 = ( )　　𝅝 − ♩ = ( )

𝅗𝅥 − ♩ = ( )　　　　𝄼 + 𝄼 = ( )

𝄽 + 𝄽 + 𝄼 = ( )　　𝅗𝅥. + ♩ = ( )

𝅗𝅥. − ♩ = ( )　　　　♩ + ♩ + ♩ = ( )

リスニング・ゲーム 1

1. ピアノの音と同じ動きのカードはどれでしょう。

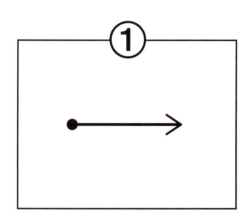
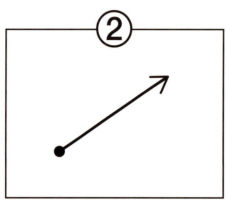
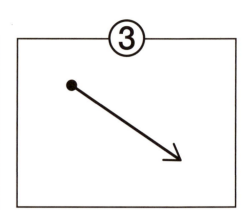

2. 先生が打ったリズムはどれでしょう。

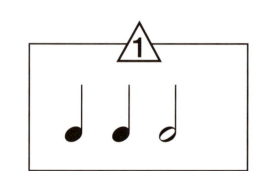
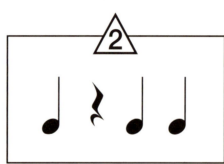
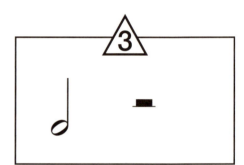

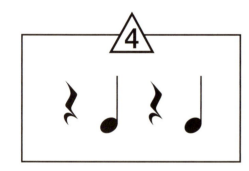
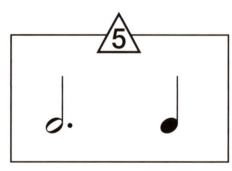
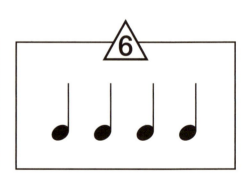

3. 「ミ」の音が聞こえたら○、「ミ」でない時は×をしましょう。

1（　　）　2（　　）　3（　　）　4（　　）　5（　　）　6（　　）

◎ 先生の問題と解答は 55 ページにあります。

八分音符と八分休符

1. ( )の中に名前を書き、長さの分だけ鉛筆の色をぬりましょう。

2. ( )の中に音の名前を書きましょう。

3. ( )の中に音符で答えを書きましょう。

♪ + ♪ = (　　)　　　　♩ + ♪ + ♪ = (　　)

♩ + ♫ = (　　)　　　　♫ + ♩ = (　　)

𝄿 + 𝄿 = (　　)　　　　♩. + ♩ = (　　)

♩ + ♩ = (　　)　　　　𝄽 + 𝄿 + 𝄿 = (　　)

4. 2枚のカードの長さが同じ時は○、違う時は×をしましょう。

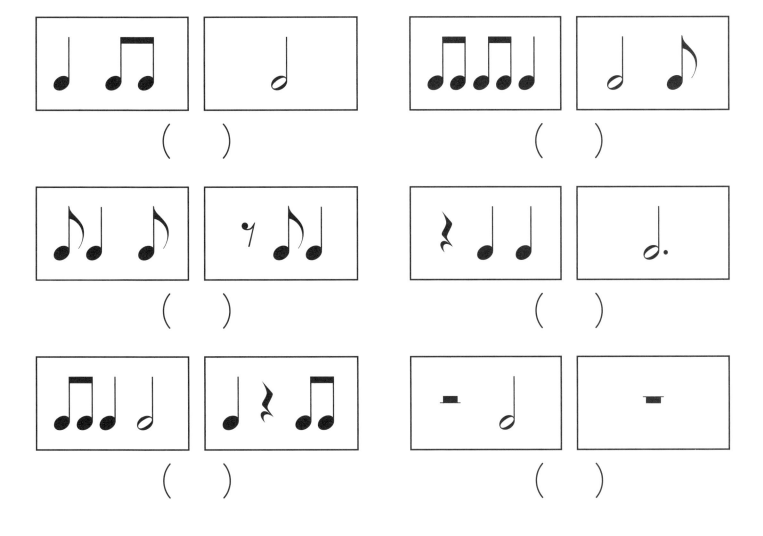

5. カードの中に音の名前を書き、ピアノで弾きましょう。（右手）

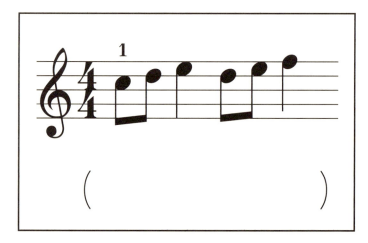
(　　　　　)

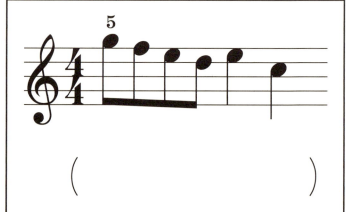
(　　　　　)

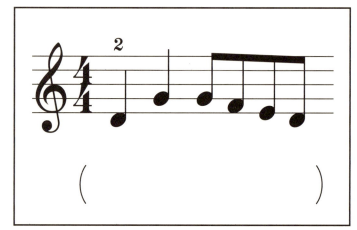
(　　　　　)

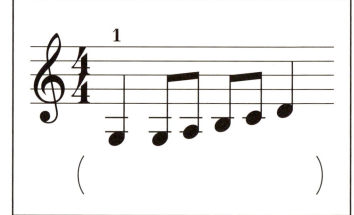
(　　　　　)

(　　　　　)

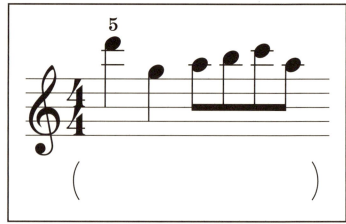
(　　　　　)

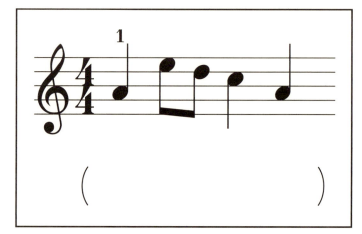
(　　　　　)

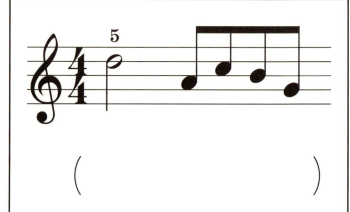
(　　　　　)

リスニング・ゲーム2

1. ピアノの音と同じ動きのカードはどれでしょう。

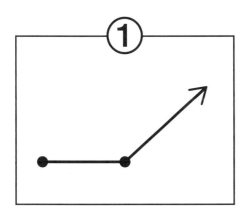
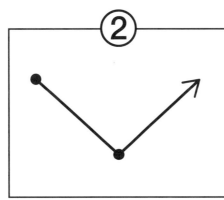
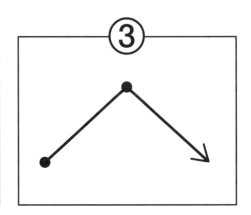

2. 先生が打ったリズムはどれでしょう。

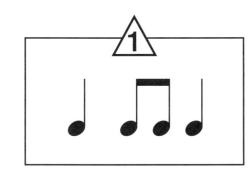
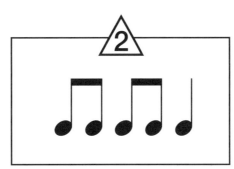
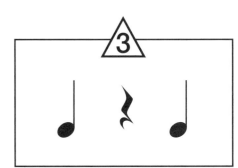

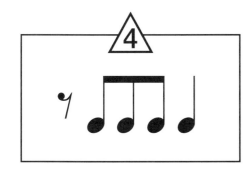
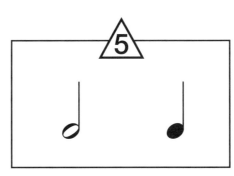
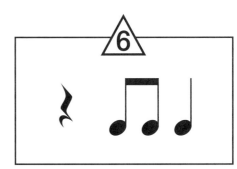

3. 「ソ」の音が聞こえたら○、「ソ」でない時は×をしましょう。

1（　　）　2（　　）　3（　　）　4（　　）　5（　　）　6（　　）

オクターブ記号 (*8va*)

1. 1オクターブ高く書きなおしましょう。

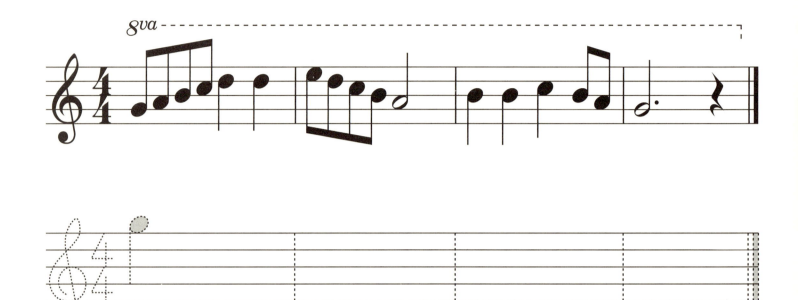

2. 1オクターブ低く書きなおしましょう。

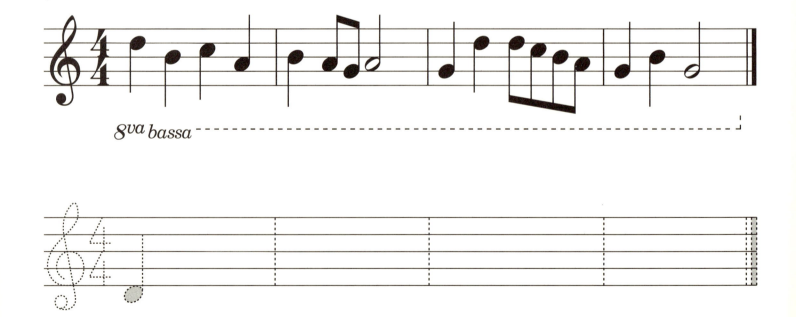

3. 同じ音のカードを線で結びましょう。

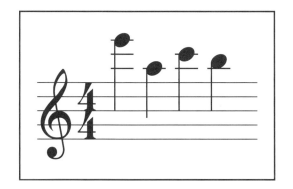

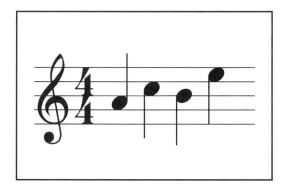
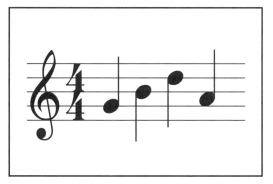

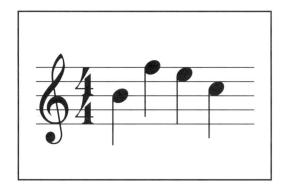

4. ( )の中に音の名前を書きましょう。

5. ( )の中に名前を書きましょう。

𝅗𝅥. ( )　　𝄿 ( )

𝄿 ( )　　o ( )

𝅗𝅥 ( )　　𝄻 ( )

8va ( )　　♪ ( )

♩ ( )　　8va bassa ( )

𝄻 ( )　　♫ ( )

6. ( )の中に音符で答えを書きましょう。

♫ + ♫ + ♫ = ( )　　𝅗𝅥 + ♩ = ( )

𝄿 + 𝄿 = ( )　　♩ + ♪ + ♪ = ( )

𝄾 + 𝄾 + 𝄻 = ( )　　♪ + ♪ = ( )

♫ + 𝅗𝅥 = ( )　　𝄻 + 𝄻 = ( )

リスニング・ゲーム３

1. ピアノの音と同じ動きのカードはどれでしょう。

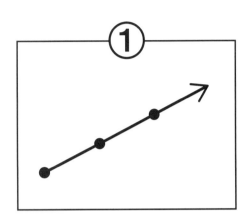
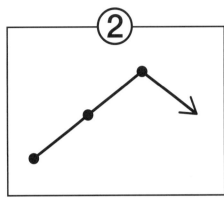
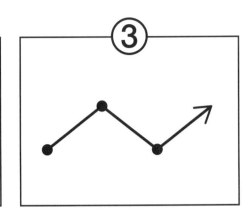

2. 先生が打ったリズムはどれでしょう。

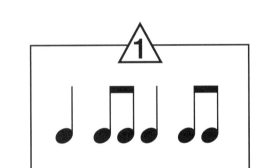
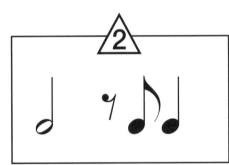
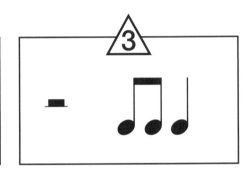

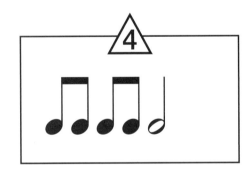
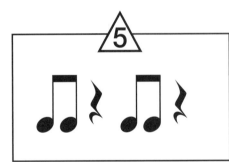
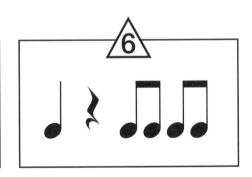

3. 「レ」の音が聞こえたら〇、「レ」でない時は×をしましょう。

１(　　)　２(　　)　３(　　)　４(　　)　５(　　)　６(　　)

付点四分音符

1. （　）の中に名前を書き、長さの分だけ鉛筆の色をぬりましょう。

𝅗𝅥 （　　　　　　　　　）

𝄼 （　　　　　　　　　）

𝅘𝅥. （　　　　　　　　　）

𝄻 （　　　　　　　　　）

𝄾 （　　　　　　　　　）

𝅘𝅥𝅮 （　　　　　　　　　）

𝅝 （　　　　　　　　　）

𝅗𝅥. （　　　　　　　　　）

𝄻 （　　　　　　　　　）

𝅘𝅥 （　　　　　　　　　）

2. ( )の中に音の名前を書きましょう。

3. ( )の中に音符で答えを書きましょう。

♩ + ♪ = ( )　　　　♩. + ♪ = ( )

♩. + ♩. = ( )　　　♪ + ♪ + ♪ = ( )

𝅗𝅥 + ♩ = ( )　　　　♩ + ♪ + ♩. = ( )

♫ + ♫ = ( )　　　　♩. + ♪ + 𝅗𝅥 = ( )

4. 2枚のカードの長さが同じ時は〇、違う時は×をしましょう。

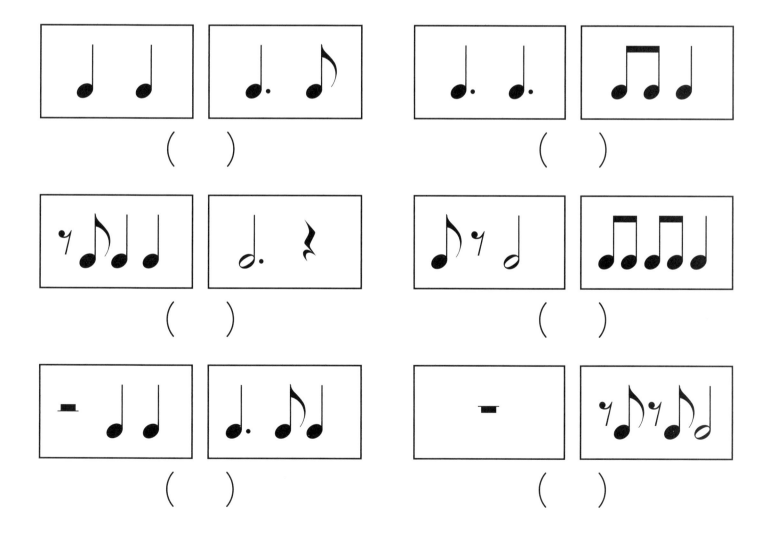

5. カードの中に音の名前を書き、ピアノで弾きましょう。（右手）

(　　　　　　　)

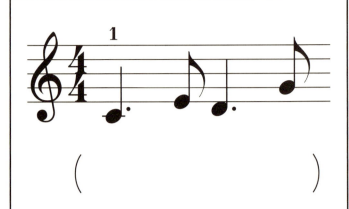
(　　　　　　　)

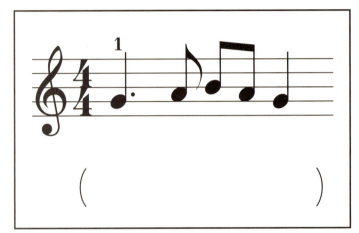
(　　　　　　　)

(　　　　　　　)

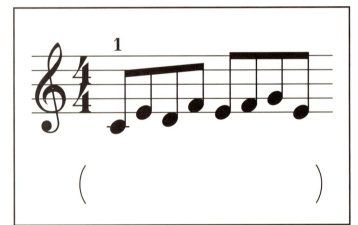
(　　　　　　　)

(　　　　　　　)

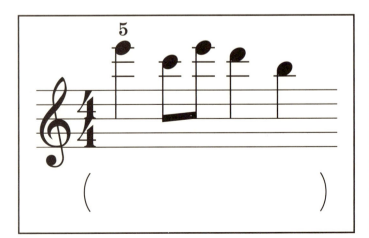
(　　　　　　　)

(　　　　　　　)

リスニング・ゲーム4

1. ピアノの音と同じ動きのカードはどれでしょう。

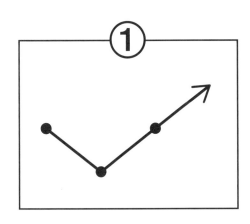 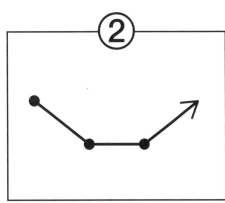 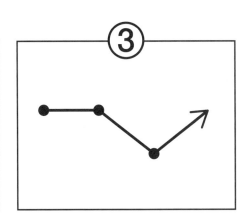

2. 先生が打ったリズムはどれでしょう。

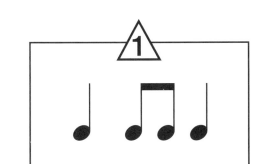 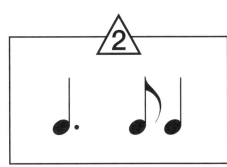 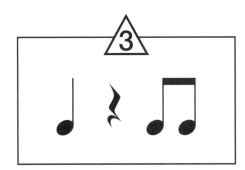

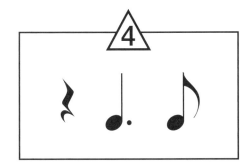 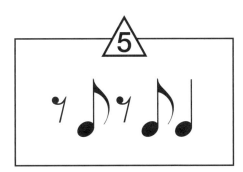 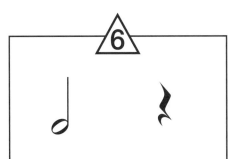

3.「ド」の音が聞こえたら○、「ド」でない時は×をしましょう。

1( )　2( )　3( )　4( )　5( )　6( )

八分の六拍子と八分の三拍子

1. 線で結びましょう。

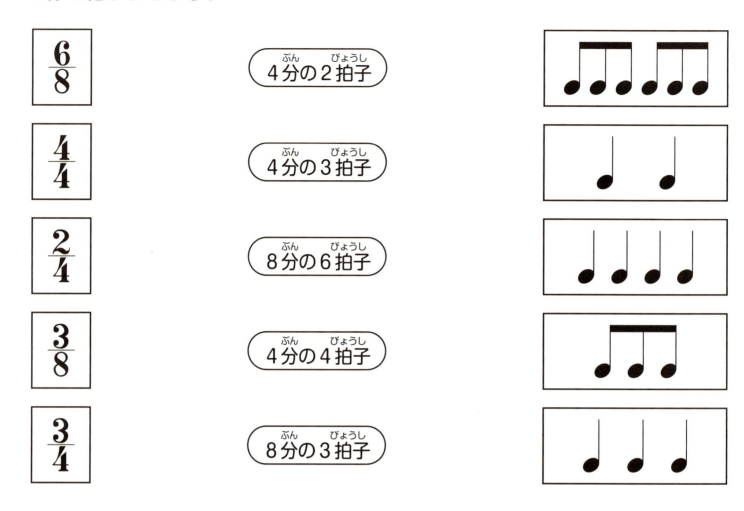

2. 8分の6拍子として、音符の長さを線で結びましょう。

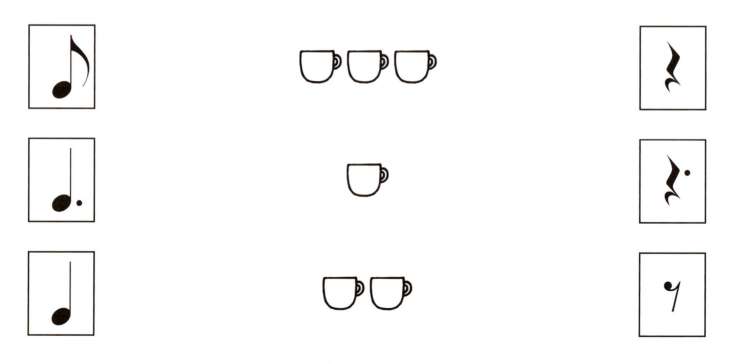

3. 拍子で区切り、リズムを打ちましょう。

4. ( )の中に音の名前を書きましょう。

5. ( )の中に名前を書きましょう。

♪ ( )　　　𝄺 ( )

𝅗𝅥. ( )　　　o ( )

8va ( )　　　𝄾 ( )

𝄿 ( )　　　♩ ( )

♩. ( )　　　𝄻 ( )

𝅗𝅥 ( )　　　8va bassa ( )

6. 8分の6拍子として、( )の中に数字で答えを書きましょう。

♩ + ♪ = ( )　　　♩. + 𝄾 = ( )

♪ + ♪ = ( )　　　𝄾. + 𝄿 = ( )

♩ + ♩. = ( )　　　𝄿 + ♩. = ( )

♩. + ♩. = ( )　　　♩ + 𝄾 = ( )

7. カードの中に音の名前を書き、ピアノで弾きましょう。(左手)

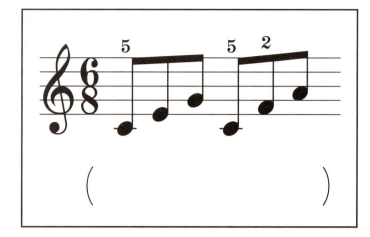

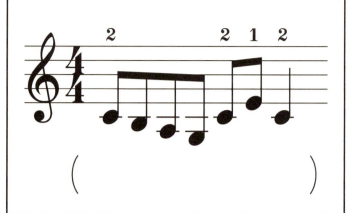

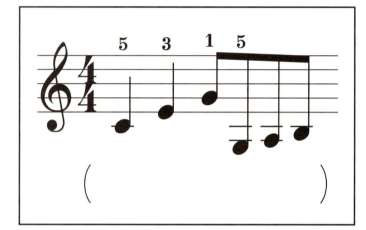

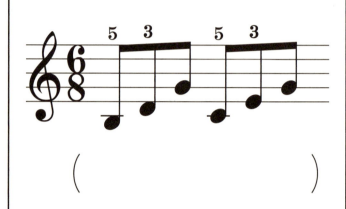

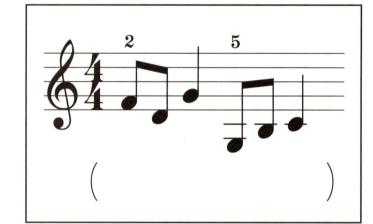

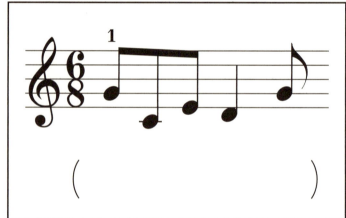

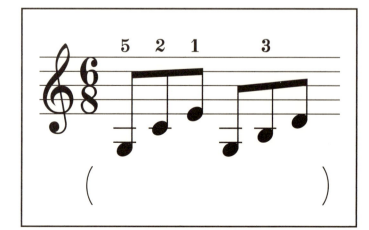

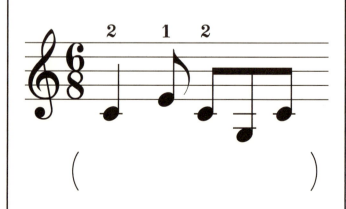

リスニング・ゲーム５

1. ピアノの音と同じ動きのカードはどれでしょう。

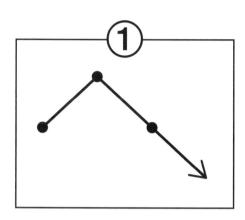 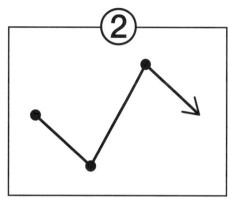 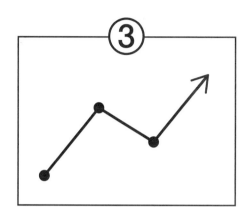

2. ８分の６拍子の時、先生が打ったリズムはどれでしょう。

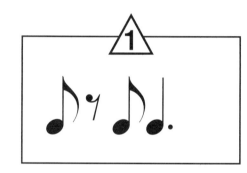 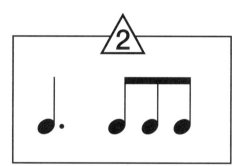 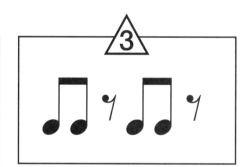

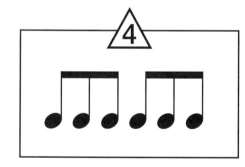 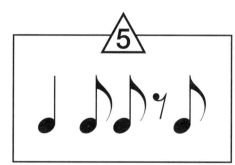 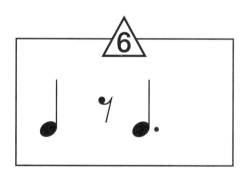

3.「ファ」の音が聞こえたら○、「ファ」でない時は×をしましょう。

1（　） 2（　） 3（　） 4（　） 5（　） 6（　）

ヘ音記号の音の練習

1. ト音記号とヘ音記号を書きましょう。

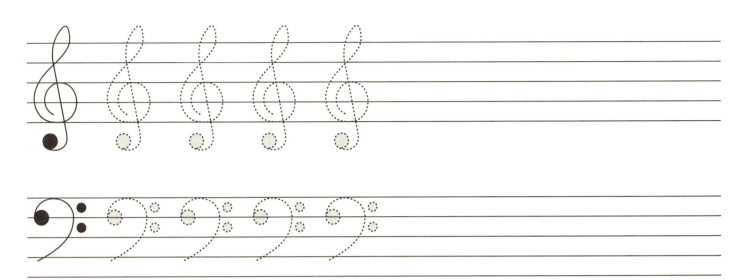

2. ( )の中に音の名前を書き、音符と鍵盤を線で結びましょう。

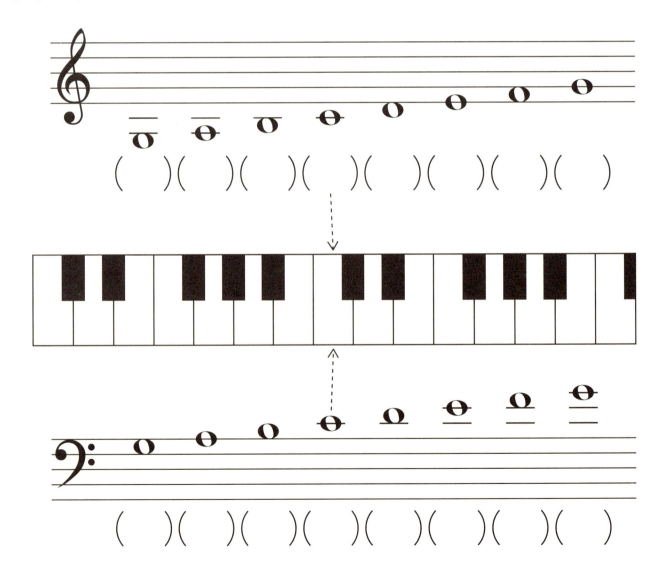

3. ( )の中に音の名前を書きましょう。

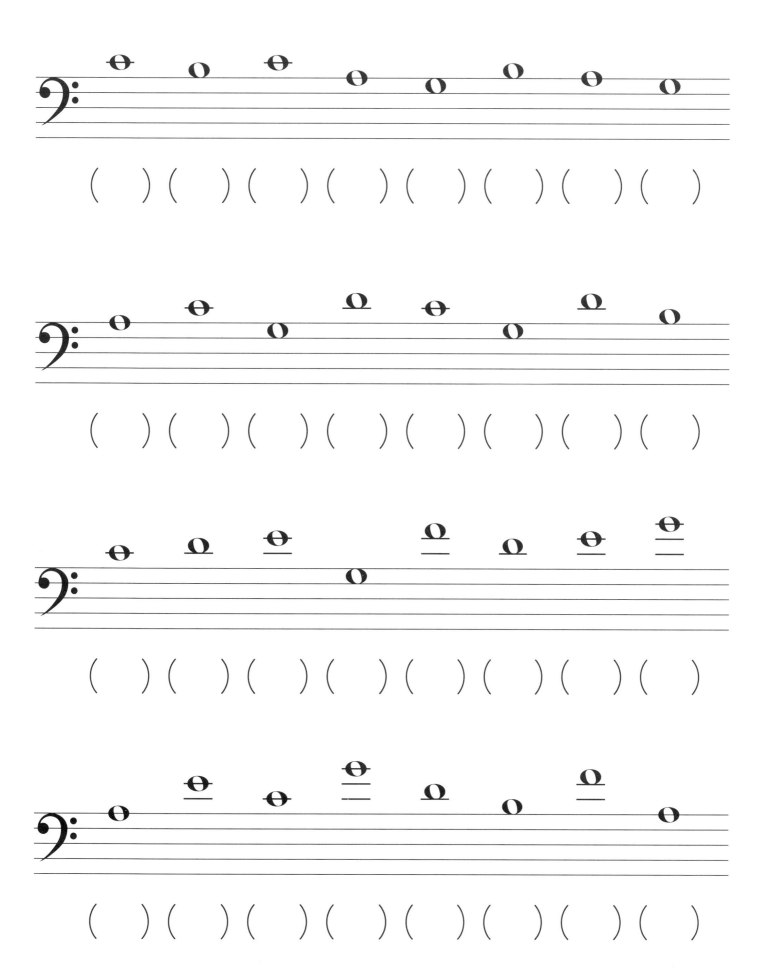

4. 全音符でヘ音記号の音を書きましょう。

ソ　シ　ラ　レ　ド　ラ　レ　ソ

ラ　ド　ソ　シ　レ　ソ　ド　ラ

レ　ラ　ド　ソ　シ　レ　ソ　ド

ラ　シ　レ　ド　ソ　ラ　レ　シ

リスニング・ゲーム6

1. ピアノの音と同じ和音のカードはどれでしょう。

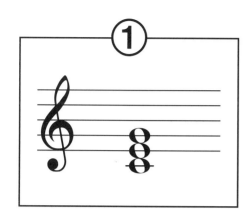
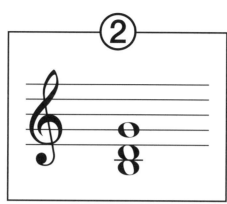
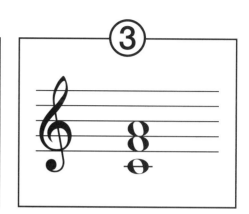

2. 先生がピアノで弾いたカードはどれでしょう。

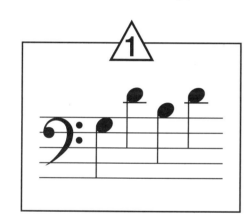

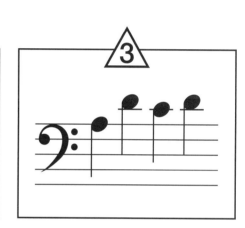

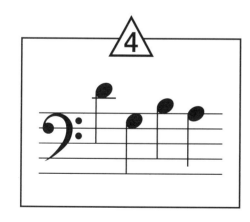
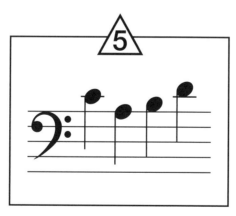
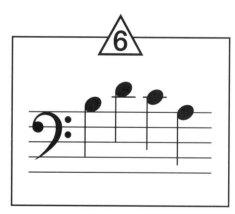

3. 「ラ」の音が聞こえたら〇、「ラ」でない時は×をしましょう。

1( )　2( )　3( )　4( )　5( )　6( )

へ音記号の音の復習

1. ( )の中に音の名前を書きましょう。

2. 同じ音のカードを線で結びましょう。

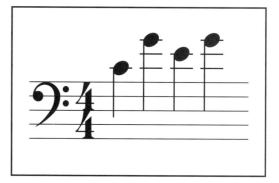
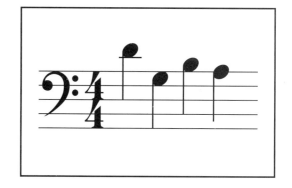

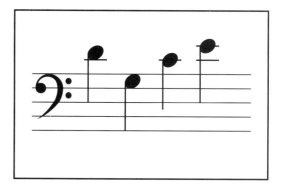

3. 全音符でヘ音記号の音を書きましょう。

レ　ソ　ド　ミ　ソ　ファ　レ　ミ

ファ　ド　ソ　レ　ファ　ミ　ソ　ド

レ　ファ　ミ　ソ　ド　ファ　レ　ソ

ミ　ド　ファ　レ　ソ　ミ　ファ　ド

4. ヘ音記号の音に書きなおしましょう。

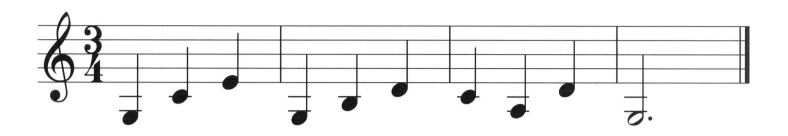

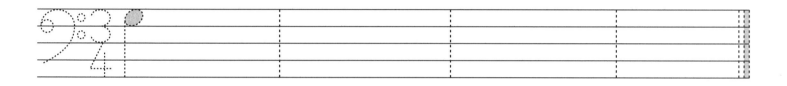

5. ト音記号の音に書きなおしましょう。

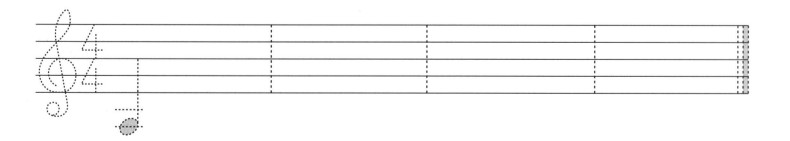

リスニング・ゲーム 7

1. ピアノの音と同じ和音のカードはどれでしょう。

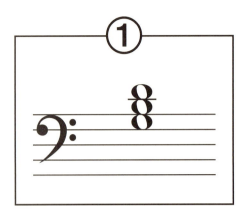
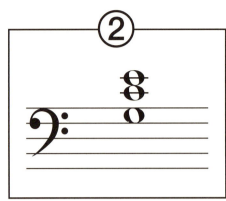
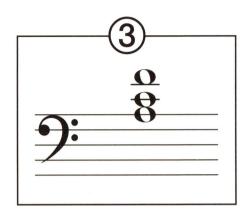

2. 先生がピアノで弾いたカードはどれでしょう。

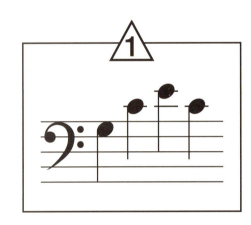
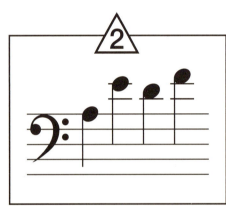
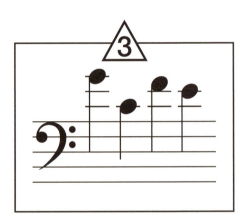

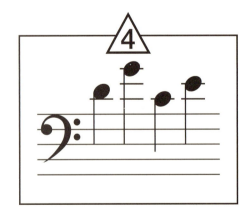
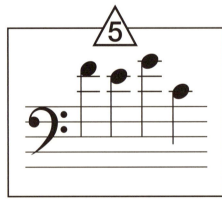
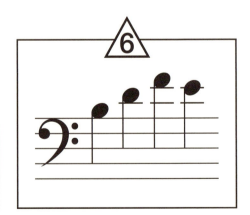

3. 「シ」の音が聞こえたら○、「シ」でない時は×をしましょう。

1 (　　) 2 (　　) 3 (　　) 4 (　　) 5 (　　) 6 (　　)

強弱記号

1. ( )の中に読み方を書き、意味を線で結びましょう。

f　(　　　　　)　　　　　・少し強く

p　(　　　　　)　　　　　・だんだん弱く

mf　(　　　　　)　　　　　・強く

mp　(　　　　　)　　　　　・だんだん強く

$<$　(　　　　　)　　　　　・弱く

$>$　(　　　　　)　　　　　・少し弱く

2. 強い方を〇で囲みましょう。

$mf\ －\ mp$　　　　$f\ －\ mf$　　　　$p\ －\ f$

$mp\ －\ f$　　　　$mf\ －\ p$　　　　$mp\ －\ p$

3. 8分の6拍子として、( )の中に数字で答えを書きましょう。

♩ ＋ ♩. ＝ (　　)　　　　　♪ ＋ ♩ ＝ (　　)

𝄽 ＋ 𝄽 ＝ (　　)　　　　　♩. ＋ 𝄾 ＝ (　　)

4. ( )の中に音の名前を書きましょう。

5. ( )の中に名前を書きましょう。

mf (　　　　　　　　　　)　♪(　　　　　　　　　　　)

♩ (　　　　　　　　　　)　▬(　　　　　　　　　　　)

𝄢 (　　　　　　　　　　)　mp (　　　　　　　　　　)

8va (　　　　　　　　　　)　♩(　　　　　　　　　　　)

p (　　　　　　　　　　)　𝄽(　　　　　　　　　　　)

6. 拍子で区切り、リズムを打ちましょう。

7. カードの中に音の名前を書き、ピアノで弾きましょう。（左手）

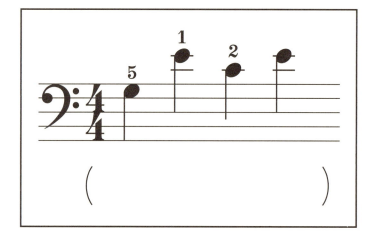
(　　　　　　　)

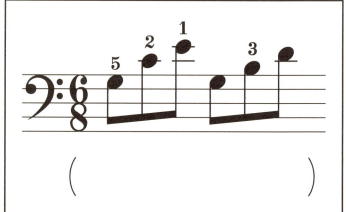
(　　　　　　　)

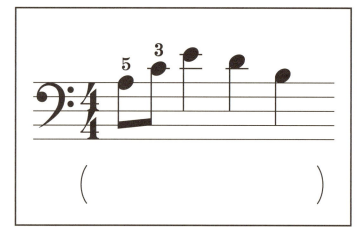
(　　　　　　　)

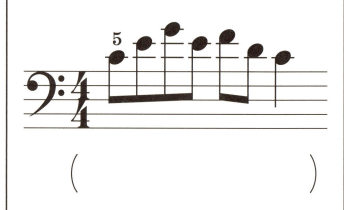
(　　　　　　　)

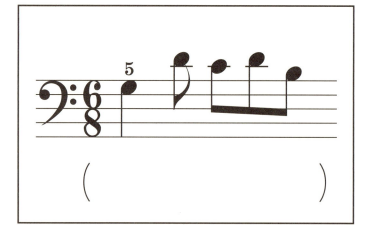
(　　　　　　　)

(　　　　　　　)

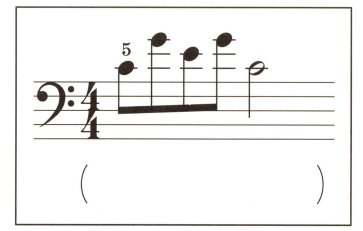
(　　　　　　　)

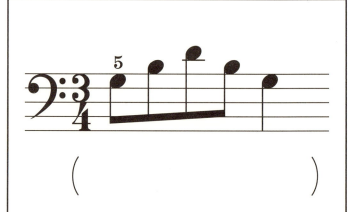
(　　　　　　　)

リスニング・ゲーム8

1. ピアノの音と同じ時は〇、違う時は×をしましょう。

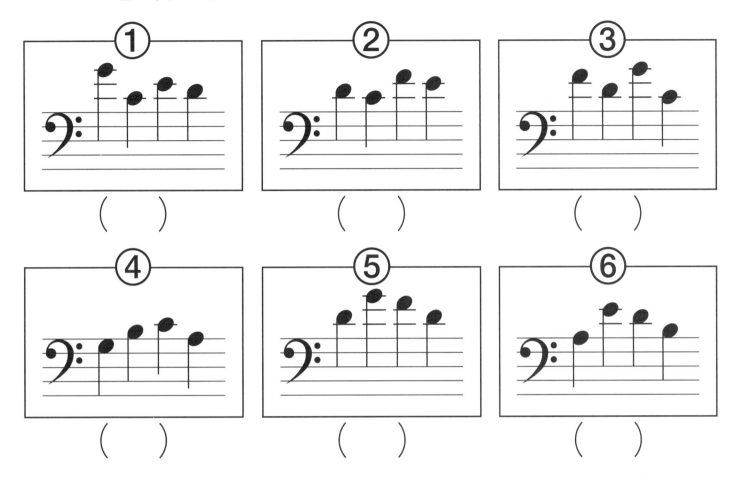

2. 先生が打ったリズムと同じ時は〇、違う時は×をしましょう。

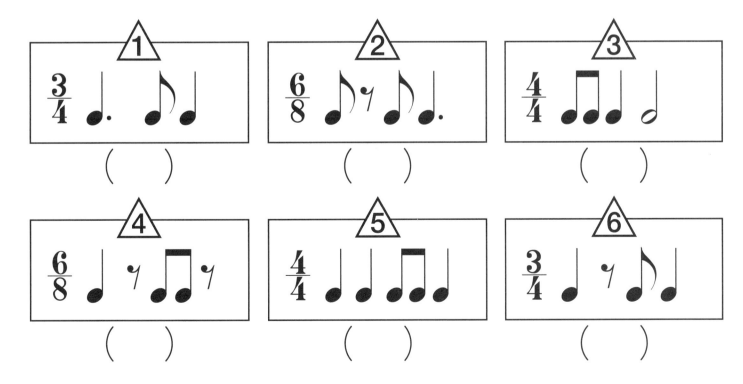

復習

1. ( )の中に音の名前を書きましょう。

2. ( )の中に読み方と意味を書きましょう。

                読み方   意味

mf (   ) (   )

< (   ) (   )

8va (   ) (   )

f (   ) (   )

> (   ) (   )

mp (   ) (   )

8va bassa (   ) (   )

p (   ) (   )

3. 長い方を○で囲みましょう。

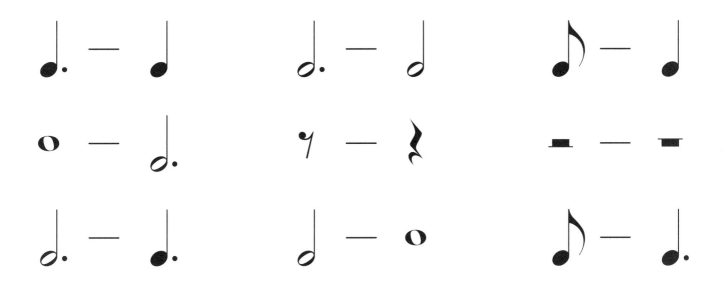

4. ト音記号とヘ音記号の同じ音を書きましょう。

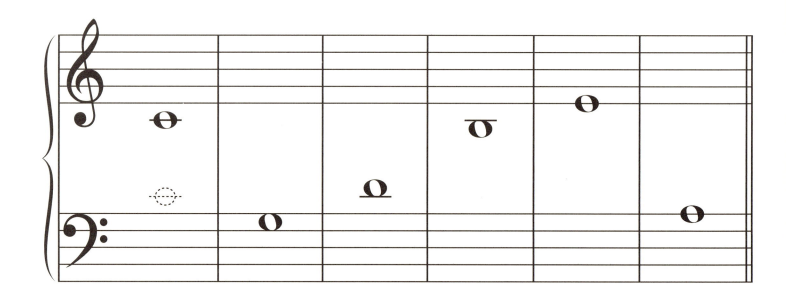

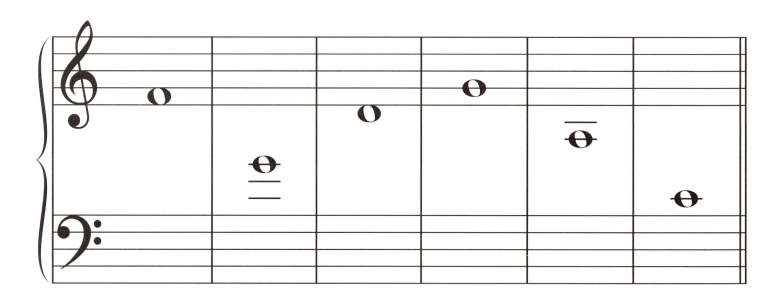

5. カードの中に音の名前を書き、ピアノで弾きましょう。（右手）

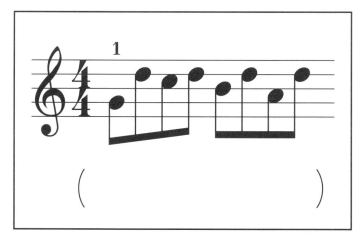
(　　　　　　　)

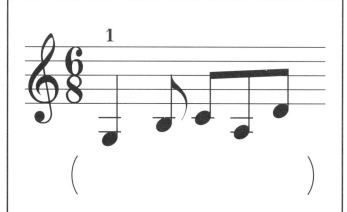
(　　　　　　　)

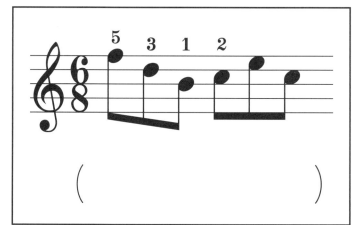
(　　　　　　　)

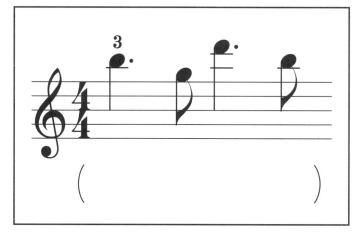
(　　　　　　　)

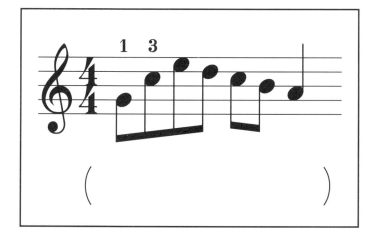
(　　　　　　　)

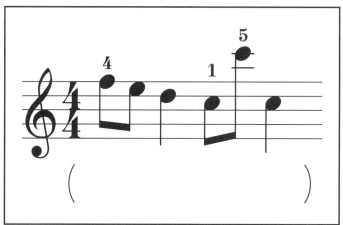
(　　　　　　　)

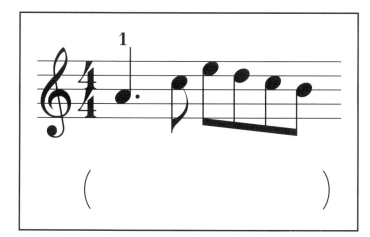
(　　　　　　　)

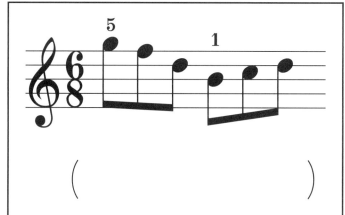
(　　　　　　　)

リスニング・ゲーム9

1. ( )の中に強弱記号を書きましょう。

2. ピアノの音と同じ時は〇、違う時は×をしましょう。（4/4）

復習

1. ( )の中に音の名前を書きましょう。

2. 同じ音のカードを線で結びましょう。

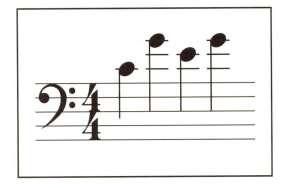

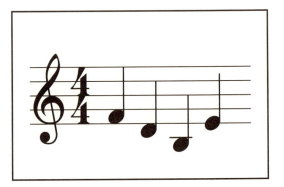

3. ( )の中に名前を書きましょう。

♪ (　　　　　　　　　)　　𝄽 (　　　　　　　　　)

♩. (　　　　　　　　　)　　𝑓 (　　　　　　　　　)

< (　　　　　　　　　)　　♩ (　　　　　　　　　)

𝑚𝑝 (　　　　　　　　　)　　o (　　　　　　　　　)

▬ (　　　　　　　　　)　　> (　　　　　　　　　)

8va (　　　　　　　　　)　　𝄾 (　　　　　　　　　)

4. 同じ長さのカードを線で結びましょう。

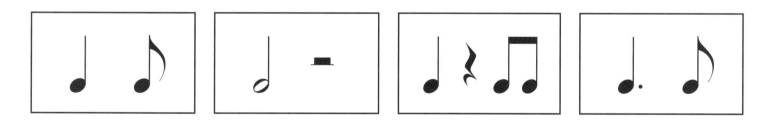

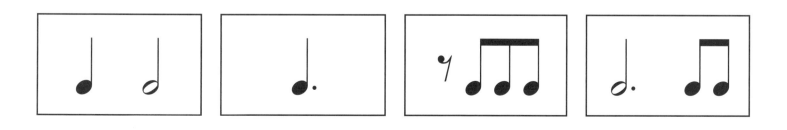

5. カードの中に音の名前を書き、ピアノで弾きましょう。（左手）

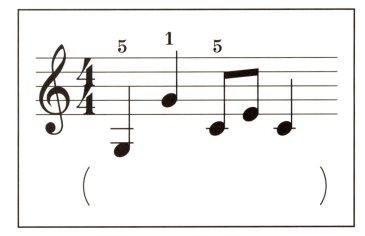
( )

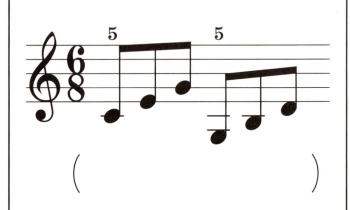
( )

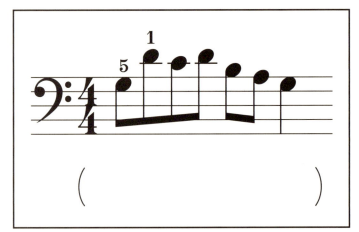
( )

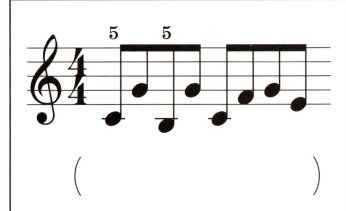
( )

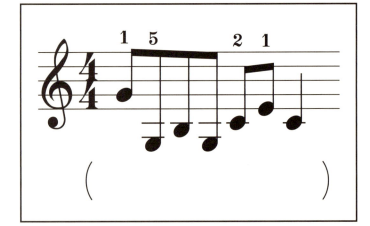
( )

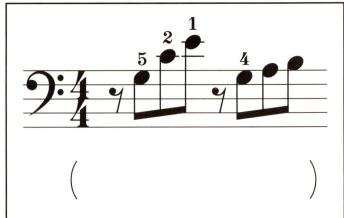
( )

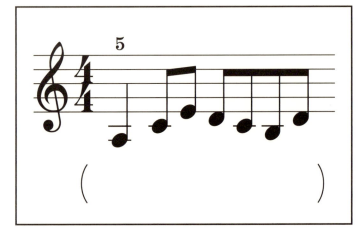
( )

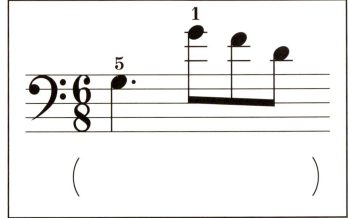
( )

リスニング・ゲーム 10

1. ピアノの音と同じ動きのカードはどれでしょう。

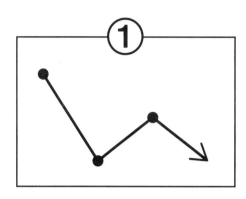
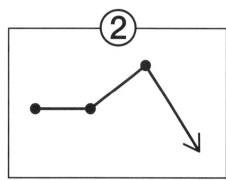
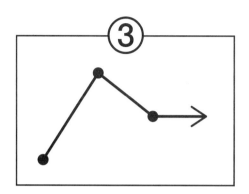

2. 先生が打ったリズムと同じ時は〇、違う時は×をしましょう。

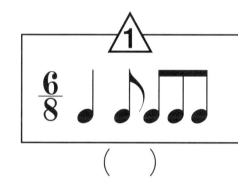
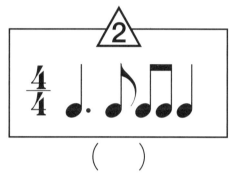
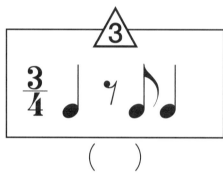

(　)　　(　)　　(　)

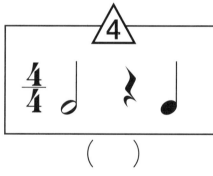
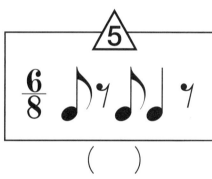
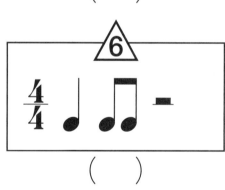

(　)　　(　)　　(　)

3. ピアノの音と同じ時は〇、違う時は×をしましょう。

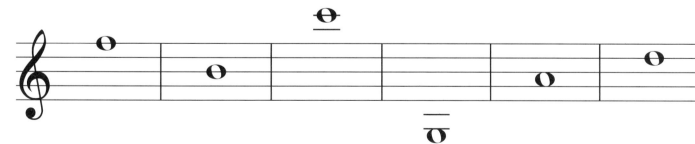

1(　)　2(　)　3(　)　4(　)　5(　)　6(　)

〈楽しくてわかりやすいバンバン・シリーズ〉

たのしくてわかりやすい
バンバン・バイエル ①〜③
〈おんぷカード＆レパートリーつき〉

各定価［本体 1,300 円＋税］

バイエルの 1 巻から 43 巻までを 3 巻に分け、子供たちが理解しやすいよう色音符を使いながら両手のタイミングに慣れさせていきます。また、全曲にタイトルと歌詞をつけることによって子供たちを楽しい気持ちにし、レベルに応じたレパートリーと準備のための片手練習を取り入れています。巻末の音符カードもレッスンに効果的。

バイエル併用
バンバン・ワークブック ①〜③
〈さがしっこゲームつき〉

各定価［本体 950 円＋税］

「バンバン・バイエル」にぴったり対応したワークブックです。音符の色ぬりや線結びなども取り入れて、子供たちのやる気を引き出します。三巻までで、ト音記号のほぼ全音域を習います。「さがしっこゲーム」では、覚えた音が定着するまで何度も先生とのやり取りをすることによって、完全に覚えこんでいきます。「バンバン・バイエル」以外の様々なテキストにも使えます。

楽しくてわかりやすい バンバン・シリーズ
ジュニア・バイエル ①〜③
〈カード＆レパートリーつき〉

各定価［本体 1,300 円＋税］

「バンバン・バイエル」の続編で、バイエルの 44 番から 106 番までを 3 巻に分け、できるだけ子供たちが難しいと感じないようあらゆる工夫をしながら進んでいきます。各曲にはタイトルをつけ、イメージを持って練習できるようにしています。レパートリーも子供たちを満足させる内容ですので、この一冊で手際良くレッスンすることができます。

バイエル後半対応 バンバン・シリーズ
ジュニア・ワークブック ①〜③
〈リスニング・ゲームつき〉

各定価［本体 950 円＋税］ 近日発売

「バンバン・ワークブック」の続編で、「ジュニア・バイエル」に対応しています。バイエルの後半においては、ヘ音記号の習得と複雑なリズム、調性の理解が中心になりますが、コツコツ積み重ねることによっていつの間にか覚えこんでしまうように作られています。「リスニング・ゲーム」は、聴音を楽しいゲームの形で導入することにより、子供たちの音に対する興味を引き出します。

〈バイエルを力強く押し進める併用ワークブック〉

こどものバイエル・ワークブック
①〜⑤
（おたのしみクイズつき）

各定価［本体 950 円＋税］

バイエルをサポートするために、徹底的に譜読みを鍛えていきます。バイエルの曲番にぴたっと合った進み方で、調性や楽典などもきちんと身につけていきます。音符を書くだけではなく、音符を読む練習を取り入れることで実力アップをはかります。「おまけクイズ」は習ったことの総復習となっています。

バイエル併用
おもしろクイズ・ブック ①〜⑤

各定価［本体 1,000 円＋税］

ピアノを弾く上で最低限知っておかなければならない基礎知識をクイズの形式をとりながら確実に覚えていくワークブックです。トレーニングのページとクイズのページが交互になっており、A から D までの 4 つの選択肢の中から正解を選びます。楽しみながらバイエルの内容を側面から後押しします。5 巻はスペシャル版となっており、全ページがクイズの総復習です。

遠藤蓉子ホームページ　http://yoppii.g.dgdg.jp/
【YouTube】よっぴーのお部屋 レッスンの扉（レッスンのヒントを紹介）

サーベル社より好評発売中！

著　者　遠藤蓉子
DTP　アトリエ・ベアール
発行者　鈴木廣史
発行所　株式会社サーベル社
定　価　［本体 950 円＋税］
発行日　2024 年 2 月 15 日

バイエル後半対応 バンバン・シリーズ
ジュニア・ワークブック 1
〈リスニング・ゲームつき〉

〒130-0025　東京都墨田区千歳 2-9-13
TEL 03-3846-1051　FAX 03-3846-1391
http://www.saber-inc.co.jp/

この著作物を権利者に無断で複写複製することは、著作権法で禁じられています。
万一、落丁・乱丁の場合は送料小社負担でお取り替えいたします。

ISBN978-4-88371-732-3 C0073 ¥0950E

リスニング・ゲーム 問題と解答

リスニング・ゲーム1 (P.8)

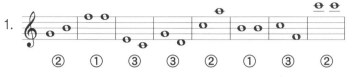

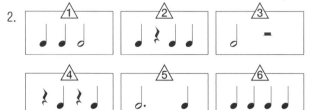

リスニング・ゲーム2 (P.13)

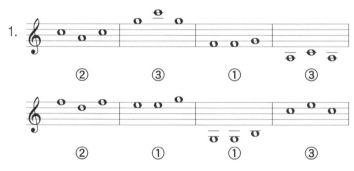

リスニング・ゲーム3 (P.18)

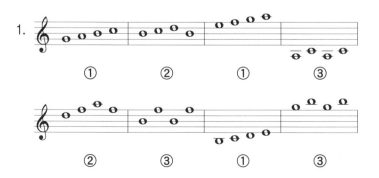

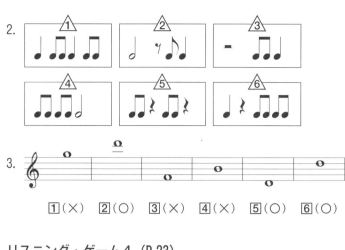

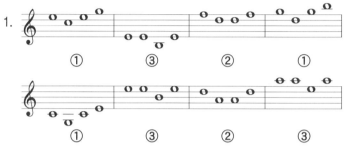

リスニング・ゲーム4 (P.23)

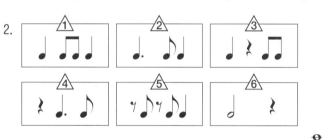

リスニング・ゲーム5 (P.29)

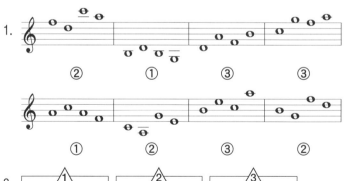

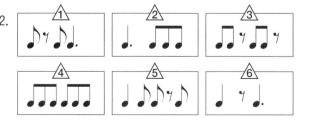

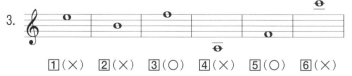

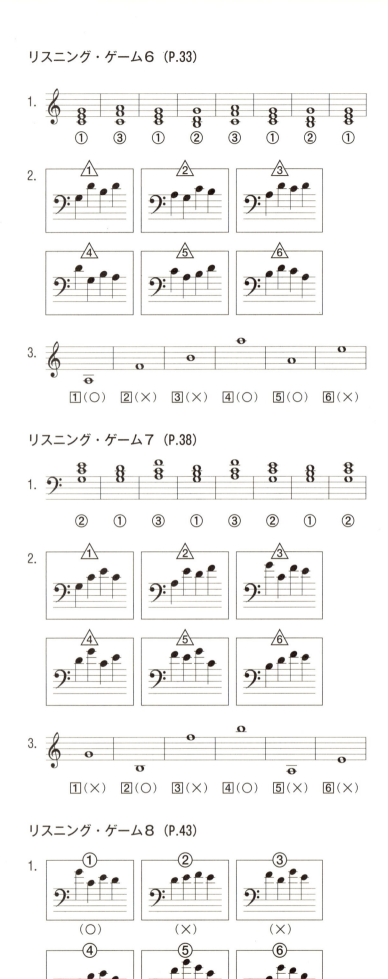